BEI GRIN MACHT SICH IHR WISSEN BEZAHLT

Bibliografische Information der Deutschen Nationalbibliothek:

Die Deutsche Bibliothek verzeichnet diese Publikation in der Deutschen National-bibliografie; detaillierte bibliografische Daten sind im Internet über http://dnb.d-nb.de/ abrufbar.

Impressum:

Copyright © 2013 GRIN Verlag
Druck und Bindung: Books on Demand GmbH, Norderstedt Germany
ISBN: 9783656372998

Dieses Buch bei GRIN:

https://www.grin.com/document/209553

Lisa Fink

Kulturtheoretische Konzepte bei Klassikern der Kulturtheorie

GRIN Verlag

Ludwig-Maximilians-Universität München
Institut für Volkskunde/ Europäische Ethnologie
Seminar: „Kulturtheorien-Lektürekurs"
WiSe 12/13

Kulturtheoretische Konzepte am Beispiel von Klassikern der Kulturtheorie

Datum: 11.02.2013

HF: Volkskunde/Europäische Ethnologie
NF: Pädagogik

Inhaltsverzeichnis

1. Einleitung...S.3

2. Der Begriff „Kulturtheorie"...S.3

3. Klassische Beispiele für Kulturtheorien...S.4

   3.1 Die gesellschaftliche Konstruktion der Wirklichkeit..S.4

   3.2 Klassifikationsgitter und Gruppe...S.6

   3.3 Verhält sich männlich zu weiblich wie Natur zu Kultur?...................................S.8

4. Schlusswort...S.10

5. Literaturverzeichnis..S.11

1. Einleitung

Die Beschäftigung mit der Frage „Was ist Kultur" kann wohl kein Student eines Kulturwis-senschaftlichen Faches umgehen. Ebenso unumgänglich sind Kulturtheorien verschie-denster Art, die sich mit Aspekten und Phänomenen einer Kultur auseinandersetzen, sie in ihrem Kontext analysieren und nach Erklärungen dafür suchen. Die behandelten Themen können dabei - wie die Kultur selbst - sehr komplex und vielseitig sein.

Im Folgenden sollen, nach einer kurzen Definition des Begriffs „Kulturtheorie", drei unter-schiedliche Beispiele klassischer Kulturtheorien zu bestimmten kulturellen Themen inhaltlich knapp dargestellt werden.

Auf eine Diskussion über die Definition von „Kultur", sowie auf eine ausführliche Auseinan-dersetzung mit den genannten Kulturtheorien, muss auf Grund der beschränkten Kapazität eines Seminaraufsatzes an dieser Stelle verzichtet werden.

2. Der Begriff „Kulturtheorie"

Ehe man sich mit der bewussten Lektüre klassischer Kulturtheorien beschäftigt, sollte zu-nächst einmal der Begriff der „Kulturtheorien" näher betrachtet werden.

So versteht man unter einer Kulturtheorie allgemein eine Theorie, die „aus unterschiedli-chen theoretischen und disziplinären Perspektiven Erklärungsangebote sowohl für den Wirkungszusammenhang von Kultur und Gesellschaft, als auch für Kultur als einen mehr oder weniger eigenständigen Phänomenbereich bieten". Sie sind dabei Teil kulturtheoreti-scher Felder, deren zentrale Gemeinsamkeit in einem wachsenden Interesse für die kultu-rellen Dimensionen des Sozialen besteht.

Kulturtheorien gehen davon aus, dass die Welt für den Menschen nur insofern existiert, „als ihr auf der Grundlage von symbolischen Ordnungen Bedeutungen zugeschrieben und sie damit gewissermaßen erst sinnhaft produziert wird". Entscheidend ist demnach nicht so sehr, Sinn primär auf der Ebene von Zwecken und Normen anzusiedeln, da diese hier vielmehr als abgeleitete Phänomene erscheinen.[1]

---

[1] Kimmich, Dorothee/ Schahadat, Schamma/ Hauschild, Thomas (Hg.) 2010: Kulturtheorie. Bielefeld: Trans-cript Verlag, S.10

3. Klassische Beispiele für Kulturtheorien

3.1 Die gesellschaftliche Konstruktion der Wirklichkeit

Da der Mensch mit keinem entwickelten Instinktapparat ausgestattet ist, nimmt er eine besondere Rolle im Reich der Tiere ein. Durch seine fehlende Sicherheit und seine unspezialisierte Ausrichtung bietet sich ihm jedoch ein breites Spektrum, in dem er seine naturgegebenen Fähigkeiten anwenden kann, wobei er die fehlende natürliche Umwelt durch eine künstliche Welt, die er durch sein Verhalten erst erschafft, ersetzt. Er prägt seine Umwelt und wird wiederum von dieser geprägt, wobei hier – neben der natürlichen - insbesondere seine kulturelle Umwelt gemeint ist (Berger/Luckmann 1969, S.51ff.). Kultur wird somit zu einer zweiten Natur des weltoffenen Menschen (Vgl. Schnettler 2006, S. 173).

Doch wie konstruiert der Mensch nun seine gesellschaftliche Wirklichkeit? Nach Berger und Luckmann sieht sich der Mensch in jedem Augenblick des Lebens, als Ausgleich seines Mängelwesens, dazu gezwungen, zu handeln und wirkt somit in die Welt hinein. Jegliche daraus entstehenden Produkte haben für den Menschen wiederum eigenständige Faktizität und wirken ihrerseits auf das Individuum zurück (Vgl. Schnettler 2006, S.173).

Bei dem Phänomen, dass alle Verhaltensweisen des Menschen, seine verbale und nonverbale Kommunikation, sein Wissen und sein subjektiv gemeinter Sinn stets entäußert werden, spricht man von *Externalisierung*.

Jede Handlung des Menschen, die dabei öfter wiederholt wird, verfestigt sich im Laufe der Zeit zur Gewohnheit, bzw. zur Routine. Bei diesem Phänomen handelt es sich um die *Habitualisierung*, durch die der Mensch von eigenen Entscheidungen entlastet wird und somit offen für Erneuerungen ist (Vgl. Berger/Luckmann 1969, S.57ff.).

Wenn mehrere Akteure eines bestimmten Typus auf eine jeweils typische Art und Weise handeln, das Verhalten daher wiedererkannt und vom Individuum nachvollzogen werden kann, spricht man von Typisierung. Jedes Individuum spielt demnach seine ihm zugewiesene typische Rolle.

Habitualisierung lebt demnach auch von der Notwendigkeit, gewisse Verhaltensweisen stets wieder neu kreieren zu müssen. Bei wechselseitigen sozialen Handlungen entwickeln sich, durch die Typisierung, automatisch Erwartungszwänge bei den Beteiligten, die Handlungsverpflichtungen mit sich bringen, mit deren Hilfe einmal gefundene Problemlösungen für bestimmte Handlungsprobleme verfestigt werden (Vgl. Schnettler 2006, S.174).

Die Habitualisierung geht der Institutionalisierung voraus, da man von *Institutionalisierung* spricht, wenn routinisierte Verhaltensweisen normiert und in einen gemeinsamen Handlungsrahmen gesetzt werden und, wenn sie begründet werden, als Allgemeingut gelten. Eine institutionalisierte Welt wird von den Individuen also als objektive Wirklichkeit erlebt (Vgl. Berger/Luckmann 1969, S.64).

Von *Objektivation* wird gesprochen, wenn diese Institutionen an Dritte, etwa die nächste Generation, weitergegeben werden, sich selbst verwirklichen und somit vergegenständlicht werden.

Für die nachfolgenden Generationen bedarf es jedoch der *Legitimation*, um nachvollziehbar zu sein. Diese erfolgt dabei durch die Erfahrungen der Individuen mit der sozialen Wirklichkeit. Da diese Allgemeingut und somit gemeinsame Wirklichkeit ist, kommt es zur institutionalen Integration. Wenn es um die Institutionalisierung gesellschaftlichen Handelns geht, reichen rein subjektive Bedeutungen nicht aus, vielmehr werden lediglich regelmäßig wiederholte wechselseitige und als selbstverständlich angesehene gesellschaftliche Handlungen institutionalisiert (Vgl. Berger/Luckmann 1969, S.65ff.).

Internalisierung meint dabei, dass zunächst subjektiv gemeinte Wirklichkeit mittlerweile zur objektiven Wirklichkeit geworden ist, die vom Individuum wiederum, im Laufe der Sozialisation, als solch objektive Wahrheit einverleibt wird. Bizarr ist dabei, dass der Mensch das, was er im Grunde selbst produziert hat, als selbstverständlich und unveränderlich ansieht und seine menschliche Welt nicht als menschliches Produkt ansieht.

Dass es im Laufe der Menschheitsgeschichte dennoch immer wieder zu Wandel und Fortschritt kommt, begründen Luckmann und Berger damit, dass der Mensch nur einen Teil seiner gemachten Erfahrungen, die sogenannten *Sedimente*, im Bewusstsein bewahren kann. Auf diese Weise werden die abgelagerten Erfahrungen der Gesellschaft im Laufe der Zeit stets mit neuen Erfahrungen angereichert und es kommt nicht zum kulturellen Stillstand.

Quellen:

-Berger,Peter L./Thomas Luckmann (1969), Die gesellschaftliche Konstruktion der Wirklichkeit. Eine Theorie der Wissenssoziologie, Frankfurt am Main: Fischer

-Schnettler, Bernt (2006), Thomas Luckmann: Kultur zwischen Konstitution, Konstruktion und Kommunikation, in: Stephan Moebius/Dirk Quadflieg (Hg.), Kulturtheorien der Gegenwart – Heterotopien der Theorie, Wiesbaden: VS, S. 170-184.

3.2 Klassifikationsgitter und Gruppe

In dem Kapitel „Klassifikationsgitter und Gruppe" behandelt Mary Douglas die Thematik des Ritualismus im Zusammenhang mit Sozialsystemen.

Dabei sollte zunächst ihr Verständnis von Ritualen definiert werden. Demnach setzt Mary Douglas Rituale mit restringierten Codes gleich. Rituelles Verhalten stellt für sie eine Form der Kommunikation und eine bedeutende Orientierungshilfe für Menschen dar (S.79ff.). Das Interesse und der Glaube an Rituale sind nach Douglas bei bestimmten Sozialsystemen eher zu erwarten und variieren nach Stärke der sozialen Bindung innerhalb der jeweiligen Gruppe.

Aufbauend auf den Ausführungen Bernsteins stellt sie ein Diagramm dar, dem jegliche Art von Gesellschaft, bzw. Gruppe, unabhängig von Größe, Kultur und technischem Fortschritt etc. zugeordnet werden kann. Ihr Koordinatensystem enthält die Aspekte Klassifikationssystem (y-Achse) und Gruppendruck (x-Achse). Entlang der y-Achse entwickelt sich das Klassifikationssystem von unten nach oben von einem privaten zu einem gemeinsamen Klassifikationssystem, entlang der x-Achse steigt der Gruppendruck von links nach rechts. Mary Douglas unterscheidet des Weiteren vier typische Gesellschaftstypen nach Stärke der Gruppe und Gruppendruck und stellt zudem den Grad des Ritualismus sowie typische Merkmale der Weltvorstellung der unterschiedlichen Gruppen dar, um sie schließlich dem Diagramm zuzuordnen (S.84ff.)

Es handelt sich dabei, im linken oberen Feld des Diagramms, um den Gesellschaftstyp mit starkem Klassifikationsgitter, der sich durch eine hohe Klassifikation und geringen Gruppendruck auszeichnet. Dieser Gesellschaftstyp neigt zu einer pragmatischen, amoralischen Weltauffassung, während Rituale eher im privaten Bereich stattfinden. Ehre und Erfolg spielen für diese Gruppe eine wichtige Rolle. Führerpersönlichkeiten vertrauen auf die Wirksamkeit ihrer Privatmagie und beherrschen gewissermaßen das Sozialsystem mit starkem Klassifikationsgitter (S.91).

Der zweite Gesellschaftstyp im rechten oberen Feld weist ein dichtes Klassifikationsgitter und einen hohen Gruppendruck auf. Er neigt zu einer moralischen Weltordnung mit starkem Ritualismus und dem Zelebrieren des Ganzen vor den Teilen, während das Ritual das Wertesystem der Gesellschaft ausdrückt. Moralisches Unrecht und Sünde werden bei diesem Gesellschaftstyp gleichgesetzt (S.92f.).

Der Gesellschaftstyp im linken unteren Feld des Diagramms weist eine geringe Kontrolle durch das Klassifikationsgitter und geringen Gruppendruck auf, das Bedürfnis nach artikulierten Formen des sozialen Austausches und nach Symbolen ist demnach verringert. Diese Gruppe neigt vielmehr zu spontanem Ausdruck und Innerlichkeit, während Rituale eine geringe Rolle spielen. Sie zeichnet sich außerdem durch eine dualistische Weltauffassung aus, bei dem Gut und Böse im Kampf gegenübergestellt werden, während das Vertrauen in Gott weniger ausgeprägt ist (S.98).

Die sogenannten „small groups" im rechten unteren Feld sind gekennzeichnet durch geringe Klassifikation und hohen Gruppendruck. Ihre sozialen Rollen sind undefiniert und mehrdeutig, wobei die Gruppenzugehörigkeit eine große Rolle spielt (S.92).

Eine besondere Rolle nehmen Gruppen auf Positionen in der Nähe des Nullpunktes ein. Das sich selbst überlassene Individuum ist hierbei frei von Gruppendruck und Klassifikation und neigt zu einer gutartigen und unritualistischen Weltauffassung (S.97).

Douglas kommt zu dem Schluss, dass jede Art von Sozialsystem eine spezifische Weltanschauung produziert. Das jeweilige „Kontrollsystem" einer Gesellschaft, bzw. Gruppe, wird dabei durch Aspekte und Tendenzen des jeweiligen Glaubenssystems legitimiert. Diese Aspekte und Tendenzen des Glaubenssystems stellen typische Anforderungen an die Formen des Ausdrucks und induzieren jeweils eine bestimmte Systematik der natürlich-symbolischen Verhaltensweisen (S.96).

Mary Douglas gelingt es somit, das Verhältnis zwischen Sozialsystemen und Grad des Ritualismus anschaulich darzustellen.

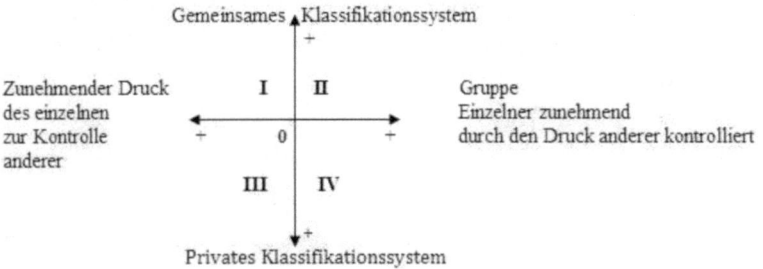

Abb.: Klassifikationsgitter nach Mary Douglas

Quelle:

Douglas, Mary (1974): Ritual, Tabu und Körpersymbolik. Sozialanthropologische Studien in Industriegesellschaft und Stammeskultur. Frankfurt am Main, S. 79-98.

3.3 Verhält sich männlich zu weiblich wie Natur zu Kultur?

Die Anthropologin Sherry Ortner behandelt die interessante Fragestellung, ob sich männlich zu weiblich wie Kultur zu Natur verhält und geht dabei davon aus, dass die Frau in jeder bekannten Kultur als dem Manne untergeordnet angesehen wird (S.27). „Die Suche nach einer tatsächlich gleichberechtigten, geschweige denn matriarchalen Kultur hat sich als fruchtlos erwiesen" (S.30). Ortner betont jedoch auch, dass jede Kultur diese Unterordnung auf ihre eigene Weise ausführt (S.29).

Beweise für die untergeordnete Rolle der Frau in der Gesellschaft sieht Sherry Ortner in den kulturellen Ideologien und Aussagen, die die Frau explizit abwerten (S.29f.) sowie in symbolischen Verfahren und der Zuschreibung von Unreinheit. Soziokulturelle Ordnungen, die die Frau von dem vermeintlich Wichtigsten der Gesellschaft ausgrenzen, tragen ebenso zu deren Unterordnung bei (S.30).

Sherry Ortner kommt zu dem Schluss, dass die Frau grundsätzlich mit der Natur gleichgesetzt wird. Der Mann hingegen wird als über der Natur stehend betrachtet und ist gleichzeitig das kulturschaffende Geschlecht, das die Fähigkeit hat, die Natur zu transformieren, zu kultivieren und zu sozialisieren (S.34).

Doch wie kommt es zu der Gleichsetzung der Frau mit der Natur? Sherry Ortner sieht die Gründe hierfür einerseits in der Physiologie der Frau (S.35ff.). Der Körper der Frau sei demnach ganz auf das Gebären von Kindern, die Funktion der Reproduktion der Menschheit ausgelegt, während der Mann seine Kreativität extern auslebt und somit Kultur erschafft. Der Mann schafft somit gewissermaßen „unendlich" bestehende Objekte, während die Frau lediglich endliche, nämlich Menschen, produziert.

Sherry Ortner sieht einen weiteren Grund für die gesellschaftliche Abwertung der Frau in deren sozialer Rolle (S.38ff.). Durch die Funktionen ihres Körpers sind die Wahlmöglichkeiten bezüglich der Rolle der Frau von der Kultur stark eingeschränkt. Die Frau ist zuständig für die Kindes-Erziehung, wobei zu bemerken ist, dass das Kind in Gesellschaften weitgehend als der Natur sehr nahe stehend betrachtet wird. Hinzu kommt, dass die Mutter-Kind-Beziehung mit dem Häuslichen, während das Männliche mit dem Öffentlichen assoziiert wird.

Den dritten Grund für die Unterordnung der Frau stellt, nach Sherry Ortner, die weibliche Psyche dar (S.43ff.). Frauen denken konkret und subjektiv, der Mann hingegen eher objektiv. Mädchen erfahren Kontinuität, denn die Mutter ist anfangs für beide, Jungen und Mädchen, der zentrale Bezugspunkt, wobei dies bei Mädchen auch so bleibt, während für die Erziehung der Jungen ab einem gewissen Alter eher die Väter zuständig sind. Ortner betont jedoch, dass diese Aspekte nicht angeboren sind, sondern dass es sich vielmehr um Zuschreibungen handelt, die sich im Laufe der Sozialisation so festgesetzt haben und allgemein akzeptierte gesellschaftliche Universalien darstellen (S.44).

Da die „Mitgliedschaft" der Frau in der Gesellschaft und ihre „absolut notwendige Teilhabe" an der Kultur jedoch trotz der Beschaffenheit ihrer Physiologie, ihrer sozialen Rolle und ihrer Psyche erkannt werden und sich nicht leugnen lassen, wird der Frau gewissermaßen eine Zwischenstellung zwischen Natur und Kultur zugewiesen (S.47). Diese Zwischenstellung kann gleichzeitig als Vermittlerrolle angesehen werden (S.48).

Sherry Ortner kommt letzten Endes zu dem Schluss, dass die Frau nicht wirklich der Natur näher steht als der Mann, jedoch auf Grund der genannten Aspekte mit ihr identifiziert wird. Es liegt hier, nach Ortner, ein Feedback-System vor, das sich dadurch auszeichnet, dass unterschiedliche Aspekte der Situation der Frau dazu beitragen, dass sie grundsätzlich als der Natur näherstehend angesehen wird, während diese Auffassung umgekehrt „institutionellen Formen eingeschrieben ist, die ihre Situation reproduzieren" (S.51).

Dies stellt für Sherry Ortner einen Teufelskreis dar, denn eine neue soziale Realität kann ihrer Meinung nach nur aus einer neuen, anderen kulturellen Perspektive heraus erwachsen, ebenso wie umgekehrt. Reine Veränderungen der sozialen Institutionen sind dabei nicht ausreichend, solange ein relativ abwertendes Bild der Frau durch die kulturelle Sprache und Metaphorik erzeugt wird. Ebenso wenig hilfreich wären jedoch rein kulturelle Veränderungen. Die bisherige Situation muss von beiden Geschlechtern angegangen werden, um eine langfristige Veränderung zu erzielen, denn „Erst dann wird man die Frauen in der dialektischen Auseinandersetzung zwischen Kultur und Natur der Kultur zuordnen" (S.51).

Quelle:

Ortner, Sherry B. (1993): Verhält sich männlich zu weiblich wie Natur zu Kultur? In: Rippl, Gabriele: Unbeschreiblich weiblich. Texte zur feministischen Anthropologie. Frankfurt am Main, S.27-54.

4. Schlusswort

Nach der Lektüre der in diesem Aufsatz behandelten Kulturtheorien dürfte dem Leser deutlich geworden sein, dass – worin sich alle Definitionen einig sind - Kulturtheorien stets die Beziehungen zwischen Kultur und Gesellschaft reflektieren.

Kultur kann dabei entweder als relativ eigenständiger Bereich gelten, der „zwischen einem Totalitätsanspruch – Kultur als soziales Totalphänomen - oder als ganze Lebensweise und einer Vorstellung von Kultur als einem eigenen gesellschaftlichen Handlungsbereich liegt". Des Weiteren gehen die Definitionen von einer sinnhaften Produktion der Welt auf Grund symbolischer Ordnungen aus. Diese sinnhafte Produktion funktioniert dabei häufig auf der Grundlage dichotomer Konzepte, wie beispielsweise dem Zusammenhang zwischen heilig und profan, eigen und fremd oder Natur und Kultur, wie etwa in Sherry Ortners Text „Verhält sich weiblich zu männlich wie Natur zu Kultur?" (S.11).

Die vorliegende Arbeit soll eine Auswahl klassischer Kulturtheorien darstellen und einen Überblick über Phänomene des Alltags sowie weitere mögliche semantische Felder, mit denen sich Kulturtheorien befassen können, verschaffen. Der Fokus der für diesen Aufsatz ausgewählten Kulturtheorien liegt dabei insbesondere auf Zusammenhängen zwischen Natur, Kultur und Gesellschaftsstrukturen.

Quelle:

Kimmich, Dorothee/ Schahadat, Schamma/ Hauschild, Thomas (Hg.) 2010: Kulturtheorie. Bielefeld: Transcript Verlag

5. Literaturverzeichnis

- Berger,Peter L./Thomas Luckmann (1969), Die gesellschaftliche Konstruktion der Wirklichkeit. Eine Theorie der Wissenssoziologie, Frankfurt am Main: Fischer

- Douglas, Mary (1974). Ritual, Tabu und Körpersymbolik. Sozialanthropologiooho Studien in Industriegesellschaft und Stammeskultur. Frankfurt am Main, S. 79-98.

- Kimmich, Dorothee/ Schahadat, Schamma/ Hauschild, Thomas (Hg.) 2010: Kulturtheorie. Bielefeld: Transcript Verlag

- Ortner, Sherry B. (1993): Verhält sich männlich zu weiblich wie Natur zu Kultur? In: Rippl, Gabriele: Unbeschreiblich weiblich. Texte zur feministischen Anthropologie. Frankfurt am Main, S.27-54.

- Schnettler, Bernt (2006), Thomas Luckmann: Kultur zwischen Konstitution, Konstruktion und Kommunikation, in: Stephan Moebius/Dirk Quadflieg (Hg.), Kulturtheorien der Gegenwart – Heterotopien der Theorie, Wiesbaden: VS, S. 170-184.